Impressum
Verlag: BABADADA GmbH, Nedderfeld 112 , 22529 Hamburg
Geschäftsführer / Verlagsleitung: Harald Hof
Druck: Books on Demand GmbH, In de Tarpen 42, 22848 Norderstedt

Imprint
Publisher: BABADADA GmbH, Nedderfeld 112 , 22529 Hamburg, Germany
Managing Director / Publishing direction: Harald Hof
Print: Books on Demand GmbH, In de Tarpen 42, 22848 Norderstedt

בית ספר

escola

חילק
dividir
186/2
לוח
tauler
כיתה
classe
pati (de l'escola)
מורה
professor
נייר
paper
כתב
escriure
עט
estilogràfica
שולחן עבודה
escriptori
סרגל
regle
ספר
llibre
תלמיד
estudiant

ילקוט

bossa

קלמר

estoig

עיפרון

llapis

מחדד

maquineta de fer punta

גומי מחיקה

goma

חוברת סרטוט

bloc de dibuix

סרטוט

dibuix

מברשת

pinzell

קופסת צבעים

capsa de pintures

מספריים

tisores

דבק

cola

ספר תרגול

quadern d'exercicis

שיעור בית

deures

12

מספר

nombre

2+2

חיבר

afegir

5-2

חיסר

sostreure

2×2

הכפיל

multiplicar

חישב

calcular

A

אות

lletra

ABCDEFG
HIJKLMN
OPQRSTU
VWXYZ

אלפבית

alfabet

hello

מילה

mot

טקסט

text

קרא

llegir

גיר

guix

שיעור

lliçó

יומן נוכחות

llibre de classe

מבחן

examen

תעודה

certificat

תלבושת בית ספר

uniforme escolar

חינוך

formació

אנציקלופדיה

enciclopèdia

אוניברסיטה

universitat

מיקרוסקופ

microscopi

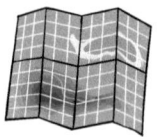

מפה

mapa

סל נייר

paperera

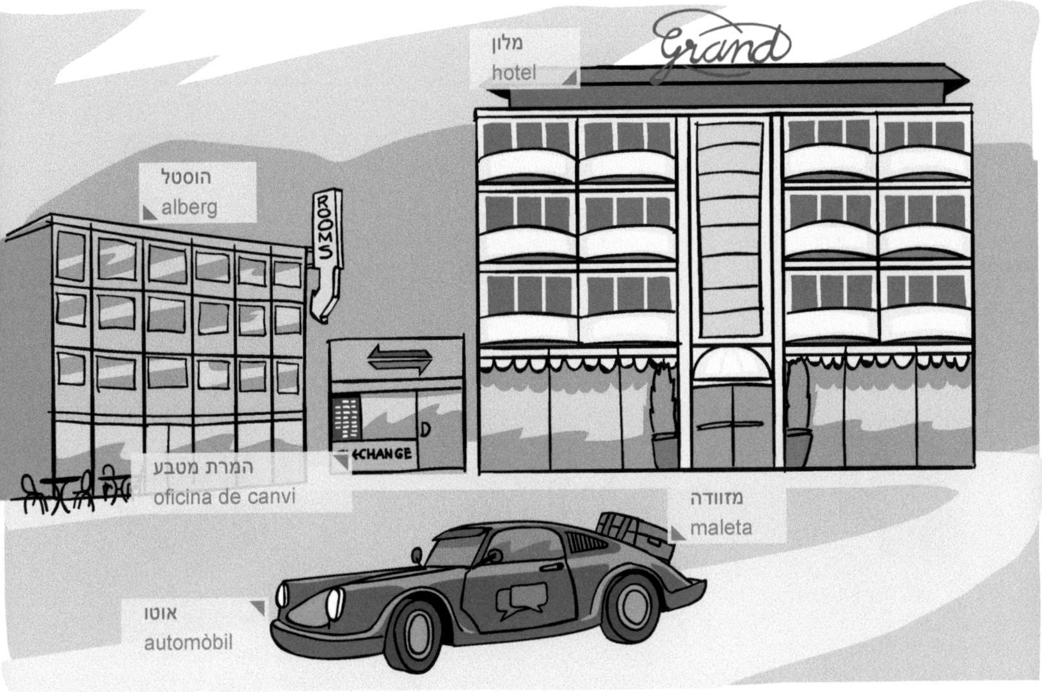

מלון
hotel
Grand
הוסטל
alberg
ROOMS
CHANGE
המרת מטבע
oficina de canvi
מזוודה
maleta
אוטו
automòbil

שפה

llengua

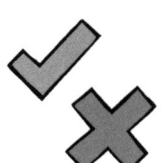

כן / לא

sí / no

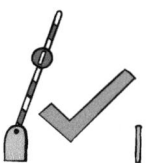

בסדר

D'acord

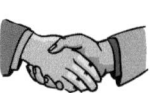

שלום

Ey!

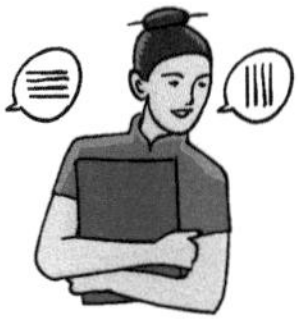

מתרגם

traductora

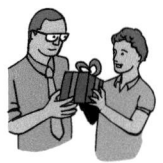

תודה

gràcies

כמה עולה.....?
....
Quant costa... ?

אני לא מבין
....
No entenc

בעיה
....
problema

ערב טוב!
....
Bona nit!

בוקר טוב!
....
bon dia!

לילה טוב!
....
bona nit!

להתראות
....
fins aviat

כיוון
....
direcció

כבודה
....
bagatge

תיק
....
bossa

תרמיל גב
....
sarrona

אורח
....
convidat

חדר
....
cambra

שק שינה
....
sac de dormir

אוהל
....
tenda

מרכז מידע לתיירים

oficina de turisme

חוף ים

platja

כרטיס אשראי

carta de crèdit

ארוחת בוקר

esmorzar

ארוחת צהריים

dinar

ארוחת ערב

sopar

כרטיס

bitllet

מעלית

ascensor

בול

segell

גבול

frontera

מכס

duana

שגרירות

ambaixada

אשרה

visat

דרכון

passaport

תחבורה
transport

מטוס
vol
אונייה
vaixell
כבאית
automòbil dels bombers
אוטובוס
bus
משאית
camió
סירת מנוע
llanxa de motor
אופניים
bicicleta
אוטו
automòbil

מעבורת
transbordador

סירה
barca

אופנוע
moto

ניידת משטרה
automòbil de policia

מכונית מרוץ
automòbil de curses

רכב שכור
automòbil de lloguer

מכוניות בשיתוף

vehicle compartit

אוטו גרר

grua

משאית זבל

camió de les escombraries

מנוע

motor

דלק

benzina

תחנת דלק

benzineria

תמרור

senyal de trànsit

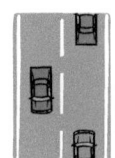

תנועה

trànsit

פקק תנועה

embús

חניה

aparcament

תחנת רכבת

estació de trens

פסי רכבת

vies

רכבת

tren

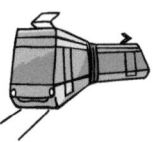

רכבת קלה

tramvia

קרון

vagó

מסוק

helicòpter

שדה-תעופה

aeroport

מגדל

torre

נוסע

passatger

קונטיינר

contenidor

קרטון

capsa de cartó

עגלה

carretó

סל

cistella

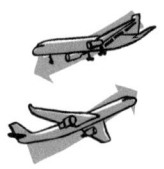

המראה / נחיתה

enlairar-se / aterrar

עיר

ciutat

כפר

poble

מרכז העיר

centre de la ciutat

בית

casa

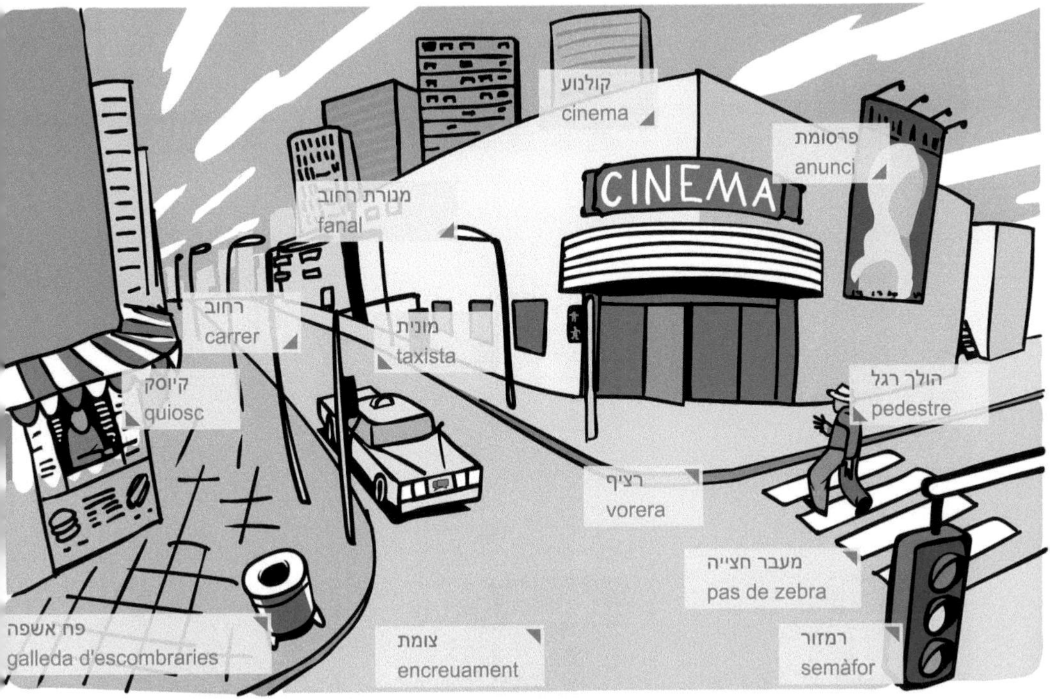

CINEMA

קולנוע / cinema

פרסומת / anunci

מנורת רחוב / fanal

רחוב / carrer

מונית / taxista

הולך רגל / pedestre

קיוסק / quiosc

רציף / vorera

מעבר חצייה / pas de zebra

פח אשפה / galleda d'escombraries

צומת / encreuament

רמזור / semàfor

בקתה
cabana

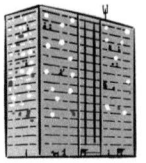

דירה
apartament

תחנת רכבת
estació de trens

עירייה
casa de la vila-ciutat

מוזיאון
museu

בית ספר
escola

אוניברסיטה

universitat

בנק

banca

בית חולים

hospital

מלון

hotel

בית מרקחת

farmàcia

משרד

oficina

חנות ספרים

llibreria

חנות

botiga

חנות פרחים

floristeria

סופרמרקט

supermercat

שוק

mercat

כל-בו

gran magatzem

מוכר דגים

peixateria

קניון

centre comercial

נמל

port

פארק

parc

ספסל

banc

גשר

pont

מדרגות

escala

רכבת תחתית

metro

מנהרה

túnel

תחנת אוטובוס

parada d'autobús

בר

bar

מסעדה

restaurant

תא דואר

bústia de correu

שלט רחוב

senyal indicador

מדחן

parquímetre

גן חיות

zoo

בריכת שחיה

piscina

מסגד

mesquita

חווה
granja

זיהום
pol·lució

בית עלמין
cementiri

כנסייה
església

מגרש משחקים
parc infantil

בית מקדש
temple

נוף

paisatge

עלה
fulla

תמרור
cartell indicador

דרך
camí

מרעה
prat

אבן
pedra

עץ
arbre

מטייל
excursionista

נהר
riu

דשא
gespa

פרח
flor

בקעה
vall

הר
muntanya

אגם
llac

יער
bosc

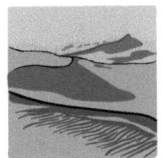

מדבר
desert

הר געש
volcà

טירה
castell

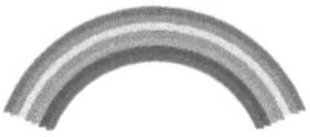

קשת בענן
arc de Sant Martí

פטריה
bolet

דקל
palmera

יתוש
moscard

זבוב
mosca

נמלה
formiga

דבורה
abella

עכביש
aranya

חיפושית

escarabat

צפרדע

granota

סנאי

esquirol

קיפוד

eriçó

ארנב

llebre

ינשוף

òliba

ציפור

ocell

ברבור

cigne

חזיר בר

senglar

צבי

cervo

אייל הקורא

ant

סכר

presa

טורבינת רוח

turbina

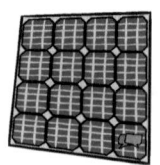

פנל סולארי

panell solar

אקלים

clima

מסעדה
restaurant

מלצר
cambrer
תפריט
menú
כסא
cadira
מרק
sopa
פיצה
pizza
סכו"ם
coberts
מפת שולחן
tovalla

מנת פתיחה

primer plat

מנה עיקרית

plat principal

קינוח

darreries

שתיות

begudes

אוכל

menjar

בקבוק

ampolla

מזון מהיר

menjar ràpid

אוכל רחוב

menjar de carrer

קנקן תה

tetera

מסכרת

sucrer

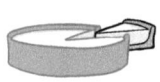

מנה

porció

מכונת אספרסו

màquina d'espresso

כסא תינוק

trona

חשבון

factura

מגש

plata

סכין

ganivet

מזלג

forqueta

כף

cullera

כפית

cullereta

מפית

tovalló

כוס

got

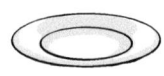

צלחת

plat

קערת מרק

plat de sopa

תחתית

plateret

רוטב

salsa

מלחייה

saler

מטחנת פלפל

molinet de pebre

חומץ

vinagre

שמן

oli

תבלינים

espècies

קטשופ

quètxup

חרדל

mostassa

מיונז

maionesa

סופרמרקט

supermercat

מבצע
oferta especial
לקוח
client
מוצרי חלב
productes lactis
פירות
fruites
עגלת קניות
carret de la compra

אטליז

carnisseria

מאפייה

forn de pa

שקל

pesar

ירקות

verdures

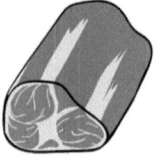

בשר

carn

מזון קפוא

menjar congelat

בשר קר

carn freda

שימורים

conserves

אבקת כביסה

detergent en pols

ממתקים

dolços

מוצרי בית

articles domèstics

חומר ניקוי

productes de neteja

מוכרת

venedora

קופה

caixa registradora

קופאי

caixera

רשימת קניות

llista de la compra

שעות פתיחה

horari d'obertura

ארנק

portamonedes

כרטיס אשראי

carta de crèdit

תיק

bossa

שקית נילון

bossa de plàstic

שתיות

begudes

מים

aigua

מיץ

suc

חלב

llet

קולה

coca-cola

יין

vi

בירה

cervesa

אלכוהול

alcohol

קקאו

cacau

תה

te

קפה

cafè

אספרסו

espresso

קפוצ'ינו

cappuccino

בננה

banana

תפוח

poma

תפוז

taronja

אבטיח

síndria

לימון

llimona

גזר

pastanaga

שום

all

במבוק

bambú

בצל

ceba

פטריות

bolet

אגוזים

avellanes

אטריות

fideus

ספגטי

espaguetis

אורז

arròs

סלט

amanida

צ'יפס

patates fregides

צ'יפס

patates fregides

פיצה

pizza

המבורגר

hamburguesa

כריך

entrepà

שניצל

escalopa

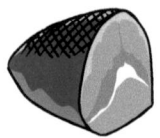

שינקין

cuixot

סלאמי

salami

נקניקיה

salsitxa

עוף

pollastre

טיגון

rostit

דג

peix

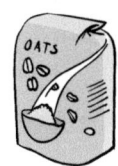

שיבולת שועל

flocs de civada

מוזלי

musli

קורנפלקס

cereals

קמח

farina

קרואסון

croissant

לחמנייה

panet

לחם

pa

טוסט

torrada

עוגיות

bescuits

חמאה

mantega

גבינה לבנה

mató

עוגה

pastís

ביצה

ou

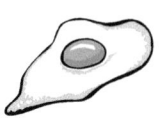

ביצת עין

ou fregit

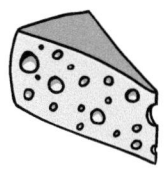

גבינה

formatge

גלידה

gelat

סוכר

sucre

דבש

mel

ריבה

melmelada

ממרח נוגט

crema de xocolata

קארי

curri

חווה
granja

granja
אסם
graner
חבילת שחת
bala de palla
שדה
camp
סוס
cavall
עגלת נגרר
remolc
טרקטור
tractor
סייח
poltre
חמור
ase
כבש
ovella
טלה
xai

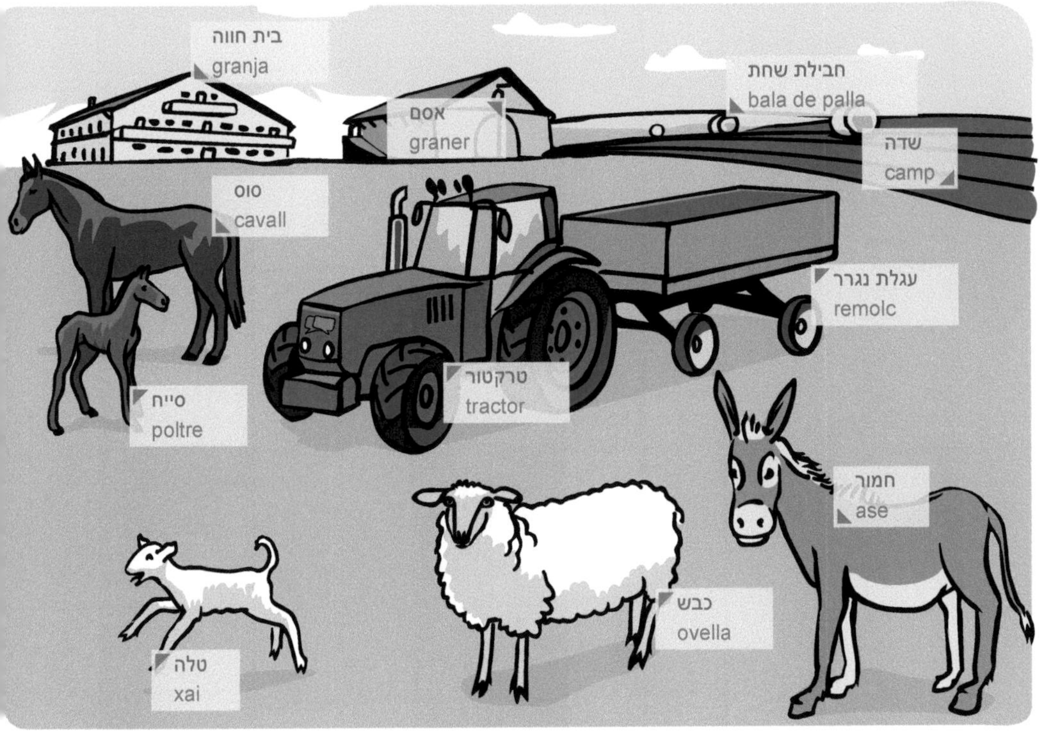

עז
cabra

פרה
vaca

עגל
vedella

חזיר
porc

חזרזיר
garrí

שור
bou

אווז
....
oca

ברווז
....
ànec

אפרוח
....
poll

תרנגולת
....
gall

תרנגול
....
gallina

חולדה
....
rata

חתול
....
gat

עכבר
....
ratolí

שור
....
bou

כלב
....
gos

מלונה
....
gossera

צינור השקיה
....
mànega de regar

קנקן מים
....
regadora

חרמש
....
dalla

מחרשה
....
arada

מגל

falç

מגרפה

aixada

קלשון

forca

גרזן

destral

מריצה

carretó

שוקת

abeurador

כד חלב

lletera

שק

sac

גדר

tanca

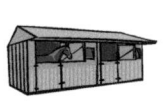

אורווה

establa

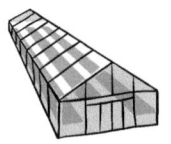

חממה

hivernacle

אדמה

sòl

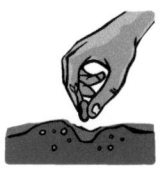

זרע

llavor

דשן

adob

מקצרה

collidora

קצר

collir

קציר

collita

בטטה אפריקנית

nyam

חיטה

blat

סויה

soja

תפוח אדמה

patata

תירס

blat de moro o d'indi

קנולה

colza

עץ פירות

arbre fruiter

קסבה

mandioca

דגנים

cereals

בית
casa

ארובה
fumera
גג
teulada
מרזב
canaló
חלון
finestra
מוסך
garatge
פעמון
campana
דלת
porta
פח אשפה
galleda de les escombraries
תיבת מכתבים
bústia de correu
גינה
jardí

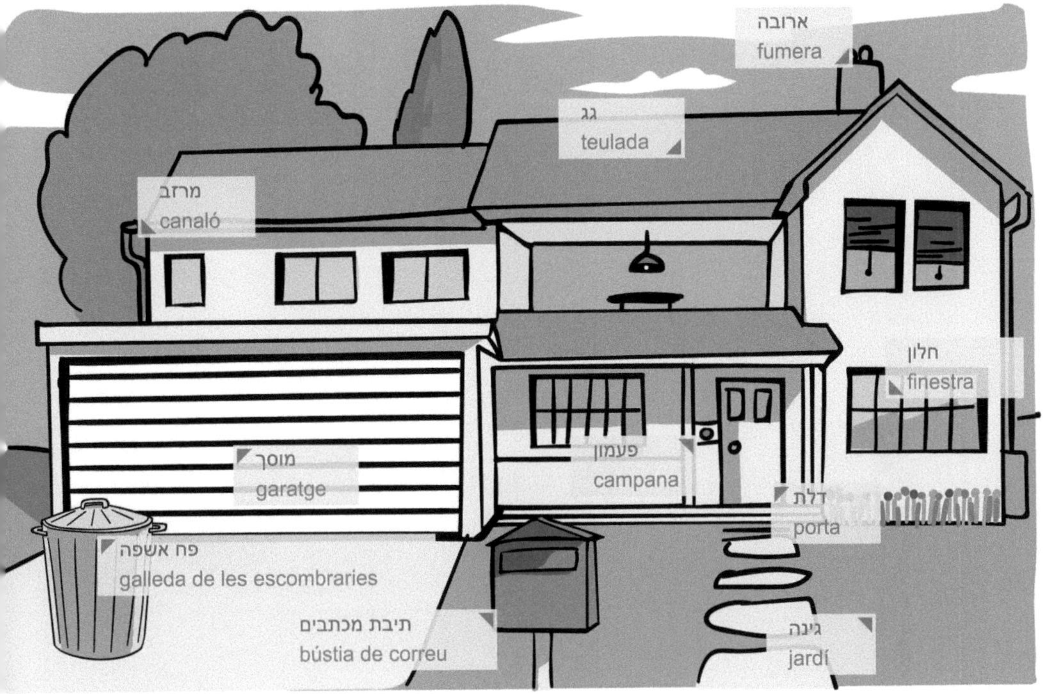

סלון

sala d'estar

חדר אמבטיה

bany

מטבח

cuina

חדר שינה

cambra de dormir

חדר ילדים

cambra de nen

חדר אוכל

menjador

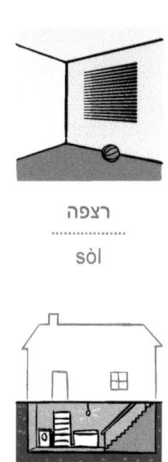

רצפה
sòl

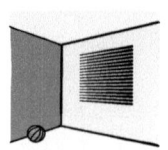

קיר
paret

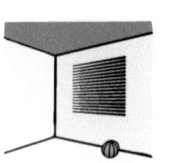

תקרה
sostre

מרתף
soterrani

סאונה
sauna

מרפסת
balcó

מרפסת
terrassa

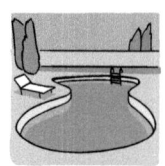

בריכה
piscina

מכסחת דשא
tallagespa

סדין
vànova

כיסוי מיטה
cobrellit

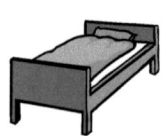

מיטה
llit

מטאטא
escombra

דלי
galleda

מפסק
interruptor

סלון

sala d'estar

טפט
paper de paret
תמונה
quadre
מנורה
làmpada
מדף
prestatge
ארון
armari
טלוויזיה
televisor
אח
escalfapanxes
פרח
flor
כרית
coixí
ספה
sofà
אגרטל
gerro
שלט רחוק
telecomanda

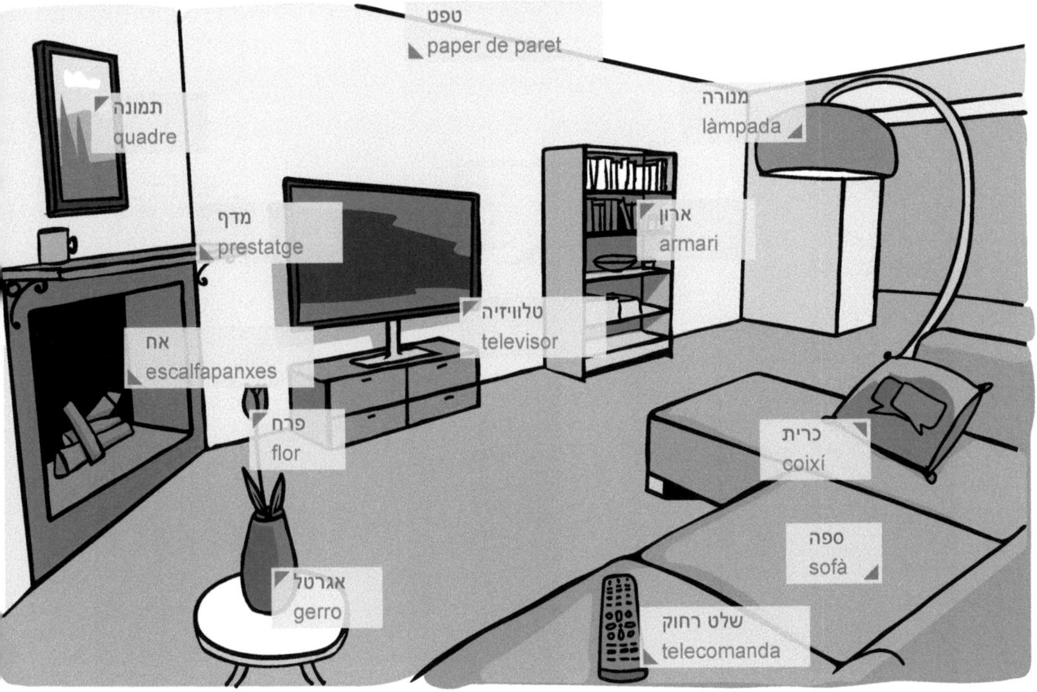

שטיח

catifa

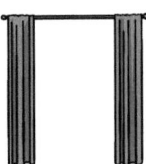

וילון

cortina

שולחן

taula

כסא

cadira

כיסא נדנדה

cadira gronxadora

כורסה

cadiral

ספר

llibre

שמיכה

llençol

דקורציה

decoració

עצי הסקה

llenya

סרט

film

מערכת סטריאו

cadena de música

מפתח

clau

עיתון

diari

ציור

pintura

פוסטר

cartell

רדיו

ràdio

מחברת

bloc de notes

שואב אבק

aspiradora

קקטוס

cactus

נר

candela

מטבח
cuina

מקרר
refrigerador
מיקרוגל
microones
balança de cuina
טוסטר
torradora
חומר ניקוי
detergent per a plats
תנור
forn
מקפיא
congelador
פח אשפה
galleda de les escombraries
מדיח כלים
rentaplats

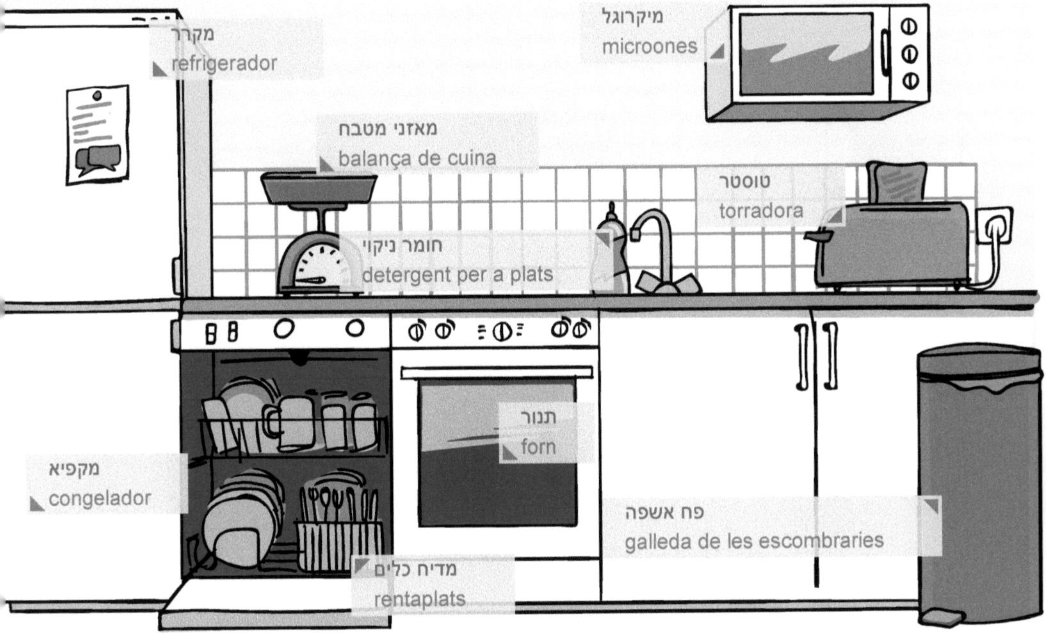

תנור
cuina de fogons

סיר
olla

סיר ברזל
olla de ferro colat

ווק
wok / karahi

מחבת
paella

קומקום חשמלי
bullidor

מאדה
....
olla de vapor

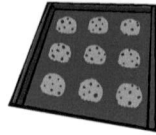

מגש אפייה
....
plata de forn

כלי אוכל
....
vaixella

ספל
....
tassa grossa

קערה
....
bol

צ'ופסטיקס
....
bastonets xinesos

מצקת
....
culler

מרית
....
espàtula

מטרפה
....
batedor

מסננת בישול
....
colador

מסננת
....
sedàs

מגרדת
....
ratllador

מכתש
....
morter

גריל
....
barbacoa

מדורה
....
foc a terra

קרש חיתוך

taula de tallar

מערוך

corró

פותחן פקקים

llevataps

פחית

pot de conserva

פותחן קופסאות

obridor

מטלית

agafador

כיור

aigüera

מברשת

raspall

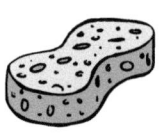

ספוג

esponja

בלנדר

batedora

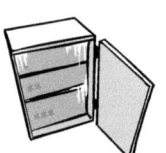

מקפיא

congelador

בקבוק לתינוק

biberó

ברז

aixeta

חדר אמבטיה
bany

חימום
calefacció
מגבת
tovallola
מקלחת
dutxa
וילון מקלחת
cortina de dutxa
אמבטיית קצף
bany de bombolles
אמבטיה
banyera
כוס
got
מכונת כביסה
rentadora
ברז
aixeta
אריחים
rajoles
סיר לילה
orinal
כיור
aigüera

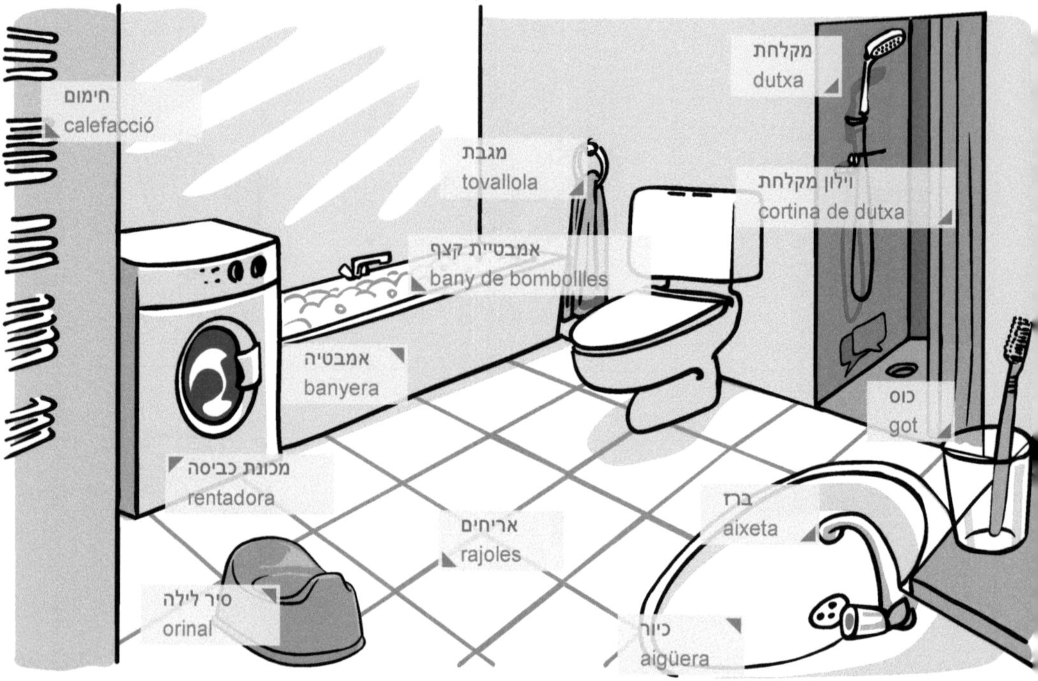

אסלה
lavabo

אסלת כריעה
lavabo turc

בידה
bidet

משתנה
orinador

נייר טואלט
paper higiènic

מברשת אסלה
escombreta de sanitari

38 חדר אמבטיה - bany

מברשת שיניים

raspall de dents

משחת שיניים

pasta de dents

חוט דנטלי

fil dental

שטף

rentar

מקלחת יד

pom de dutxa

צינור שטיפה לשירותים

dutxa íntima

קערת רחצה

rentamans

מברשת גב

raspall per a l'esquena

סבון

sabó

ג'ל רחצה

gel de dutxa

שמפו

xampú

ליפה

manyopla de bany

ניקוז

bonera

קרם

crema

דיאודורנט

desodorant

מראה

mirall

מראת יד

mirall-espill de mà

סכין גילוח

maquineta de rasar

קצף גילוח

espuma de barbejar

אפטרשייב

loció post-rasada

מסרק

pinta

מברשת

raspall

מייבש שיעור

eixugador

ספריי לשיער

laca

איפור

maquillatge

שפתון

pintallavis

לק

esmalt d'ungles

צמר גפן

cotó

מספריים לציפורניים

tallaungles

בושם

perfum

תיק כלי רחצה

estoig de bellesa

שרפרף

tamboret

משקל

bàscula

חלוק רחצה

barnús

כפפות גומי

guants de goma

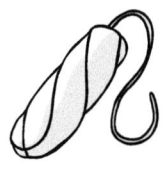

טמפון

compresa higiènica

תחבושת סניטרית

compresa

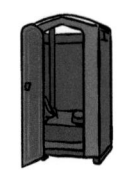

שירותים כימיקליים

sanitari químic

חדר ילדים
cambra de nen

שעון מעורר
despertador
צעצוע חיבוק
animal de peluix
מכונית צעצוע
auto de joguina
רעשן
sonall
בית בובות
casa de nines
מתנה
present

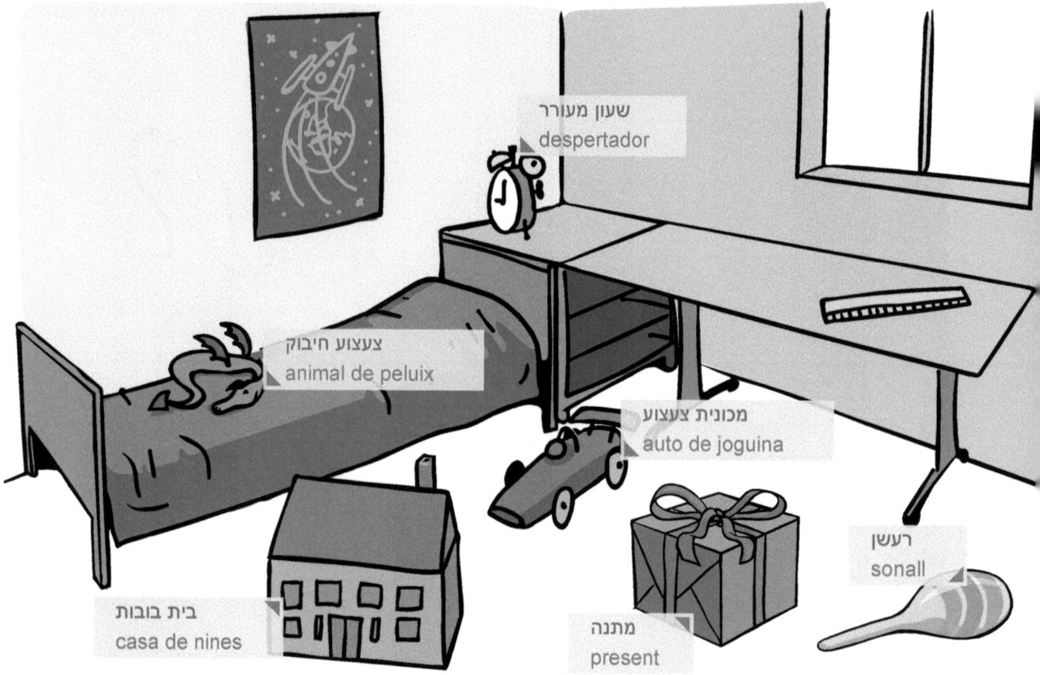

בלון

baló

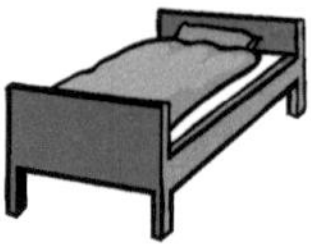

מיטה

llit

עגלה

cotxet per a nens

משחק קלפים

joc de cartes

פאזל

trencaclosca

קומיקס

historieta

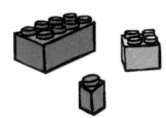

לגו

peces de lego

קוביות משחק

peces de construcció

דמות משחק

ninot d'acció

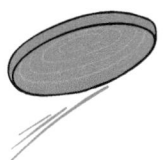

סרבל תינוקות

granota

פריזבי

frisbee

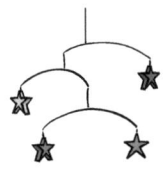

נייד

mòbil per a bressol

משחק לוח

joc de taula

קוביה

daus

רכבת צעצוע

tren elèctric

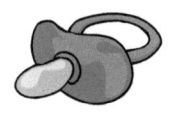

מוצץ

xumet

מסיבה

festa

אלבום תמונות

llibre de dibuixos

כדור

pilota

בובה

nina

שיחק

jugar

ארגז חול

sorrera

נדנדה

gronxador

צעצועים

joguines

קונסולת משחקים

consola de jocs de vídeo

אופניים תלת גלגלי

tricicle

דובון

osset de peluix

ארון בגדים

armari

בגדים

roba

גרביים

mitjons

גרביונים

mitges

גרביון

mitja pantaló

צעיף
tapacoll

מטריה
paraigua

חולצת טי
camiseta

חגורה
cintura

נעלי בית
plantofes

מגפיים
botes

נעלי ספורט
sabates d'esport

סנדלים
....
sandàlies

נעליים
....
sabates

מגפי גומי
....
botes de goma

תחתונים
....
calçonets

חזייה
....
sostenidor

וסט
....
guardapits

גוף

jjustacòs

מכנסיים

pantalons

ג'ינס

jeans

חצאית

faldeta

חולצה מכופתרת

brusa

חולצה

camisa

אפודה

jersei

סווצ'ר עם קפוצ'ון

dessuadora

בלייזר

blazer

ז'קט

jaqueta

מעיל

mantell

מעיל גשם

impermeable

תלבושת

vestit de dona

שמלה

vestit de dona

שמלת כלה

vestit de núvia

חליפה
vestit d'home

כותונת לילה
camisa de dormir

פיג'מה
pijama

סארי
sari

מטפחת ראש
mocador de cap

טורבן
turbant

בורקה
burca

קאפטן
caftan

עבאיה
abaia

בגד ים
vestit de bany

בגד ים
calçon(et)s de bany

מכנסיים קצרים
pantalons curts

בגד אימון
xandall

סינר
davantal

כפפות
guants

כפתור

botó

משקפיים

ulleres

צמיד יד

braçalet

שרשרת

collaret

טבעת

anell

עגיל

orellera

כובע

casquet

קולב

penjador

כובע

capell

עניבה

corbata

רוכסן

cremallera

קסדה

casc

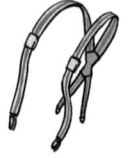

כתפיות

elàstics

תלבושת בית ספר

uniforme escolar

מדים

uniforme

מפית אוכל
pitet

מוצץ
xumet

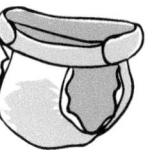

חיתול
bolquer

משרד
oficina

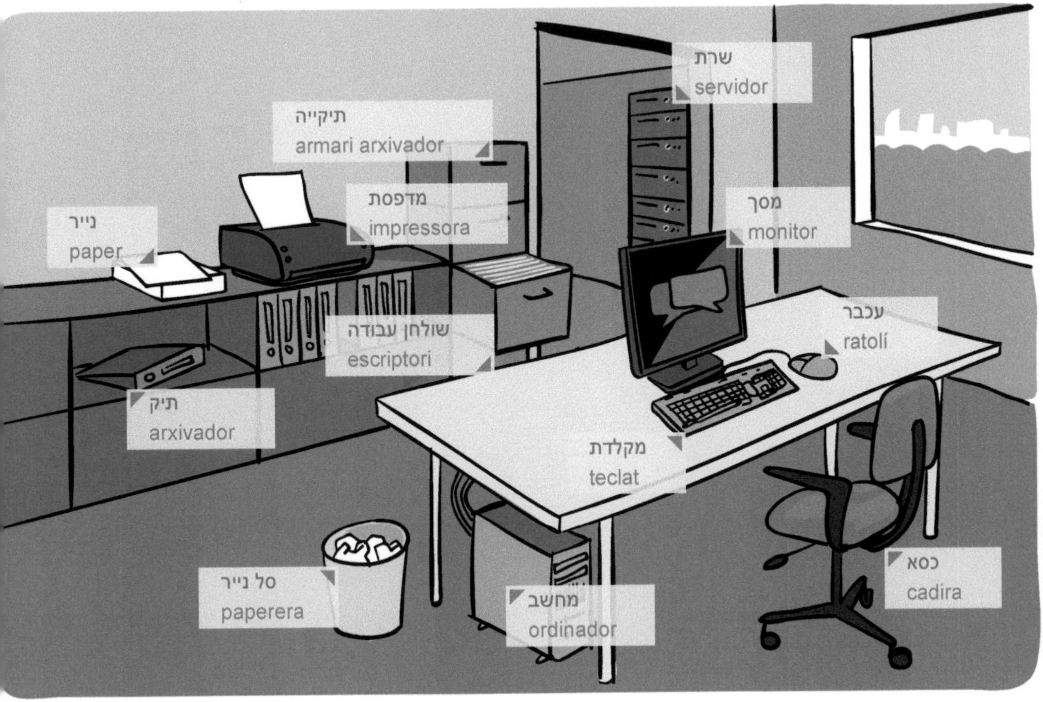

שרת
servidor

תיקייה
armari arxivador

מדפסת
impressora

מסך
monitor

נייר
paper

שולחן עבודה
escriptori

עכבר
ratolí

תיק
arxivador

מקלדת
teclat

כסא
cadira

סל נייר
paperera

מחשב
ordinador

ספל קפה
tassa de cafè

מחשבון
calculadora

אינטרנט
Internet

מחשב נייד

ordinador portàtil

מכתב

lletra

הודעה

missatge

נייד

mòbil

רשת

xarxa

מכונת צילום

fotocopiadora

תוכנה

programari

טלפון

telèfon

שקע

presa de corrent

פקס

fax

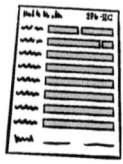

טופס

formulari

מסמך

document

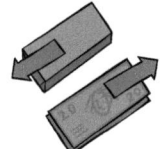

קנה

comprar

שילם

pagar

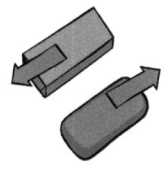

סחר

comerciar

כסף

diners

דולר

dòlar

יורו

euro

ין

ien

רובל

ruble

פרנק שווייצרי

franc suís

יואן רנמינבי

renminbi

רופי

rupia

כספומט

caixa automàtica

המרת מטבע

oficina de canvi

זהב

or

כסף

argent

נפט

petroli

אנרגיה

energia

מחיר

preu

חוזה

contracte

מס

impost

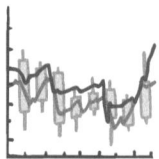

מנייה

acció

עבד

treballar

עובד

treballador

מעסיק

empresari

מפעל

fàbrica

חנות

botiga

מקצועות
oficis

שוטר
oficial de policia
כבאי
bomber
טבח
cuiner
רופא
doctora
טייס
pilot

גנן
jardiner

נגר
fuster

תופרת
costurera

שופט
jutge

כימאי
química

שחקן
actor

נהג אוטובוס

conductor d'autobús

נהג מונית

taxista

דייג

pescador

עובדת נקיון

dona de la neteja

מתקן גגות

ensostrador

מלצר

cambrer

צייד

caçador

צייר

pintor

אופה

forner

חשמלאי

electricista

עובד בניין

obrer de la construcció

מהנדס

enginyer

קצב

carnisser

אינסטלטור

llanterner

דוור

correu

חייל

soldat

אדריכל

arquitecte

קופאי

caixera

מוכר פרחים

florista

ספר

perruquer

כרטיסן

revisor

מכונאי

mecànic

קברניט

capità

רופא שיניים

dentista

מדען

científic

רב

rabí

אימאם

imam

נזיר

monjo

כומר

capellà

כלי עבודה
eines

פטיש
martell
צבת
tenalles
מברג
descaragolador
מפתח ברגים
clau anglesa
פנס
llanterna

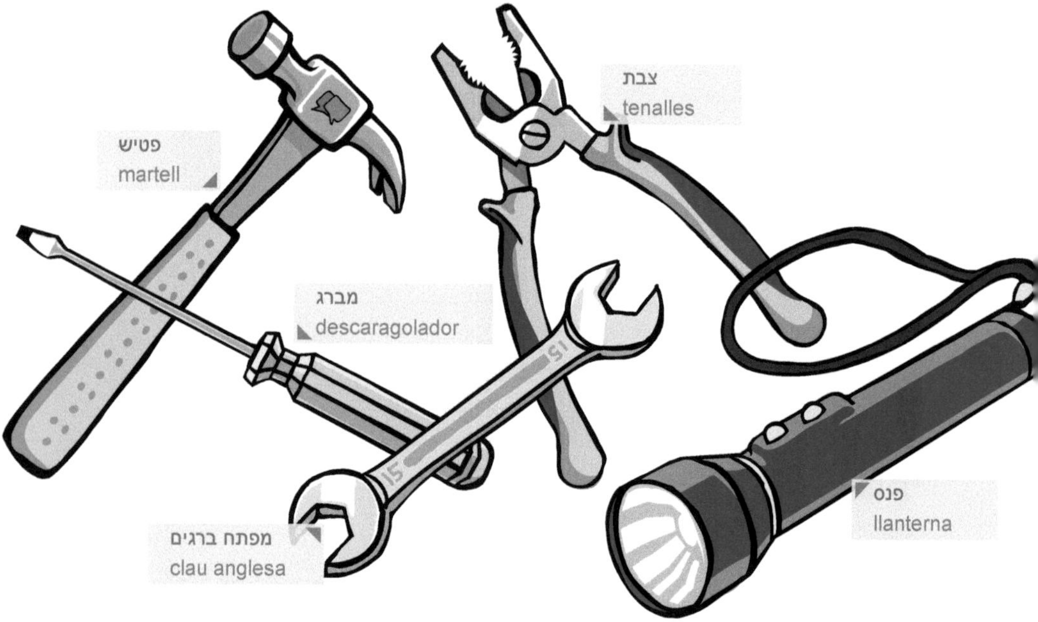

דחפור

excavadora

ארגז כלים

caixa d'eines

סולם

escala

מסור

serra

מסמרים

claus

מקדחה

trepant

תיקן

reparar

את חפירה

pala

לעזאזל!

Maleït siga!

יעה

pala

פח צבע

pot de pintura

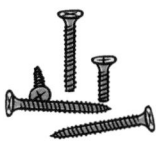

ברגים

caragols

כלי נגינה

instrument de música

רמקול
altaveu
מערכת תופים
bateria
גיטרה
guitarra
קונטראבס
contrabaix
חצוצרה
trompeta

פסנתר

piano

כינור

violí

בס

baix

תוף הדוד

timbal

תופים

tambor

מקלדת פסנתר

teclat

סקסופון

saxofon

חליל

flauta

מיקרופון

micròfon

גן חיות

zoo

כניסה
entrada
נמר
tigre
כלוב
gàbia
זברה
zebra
מזון לחיות
aliment per a animals
פנדה
ós panda

בעלי חיים

animals

פיל

elefant

קנגרו

cangurú

קרנף

rinoceront

גורילה

goril·la

דוב

ós

גמל

camell

יען

estruç

אריה

lleó

קוף

simi

פלמינגו

flamenc

תוכי

papagai

דוב הקרח

ós polar

פינגווין

pingüí

כריש

ca mari

טווס

paó

נחש

serp

תנין

cocodril

שומר גן החיות

guardià del zoo

כלב ים

foca

יגואר

jaguar

סוס פוני

poni

לאופרד

lleopard

היפופוטאם

hipopòtam

ג'ירפה

girafa

נשר

àliga

חזיר בר

senglar

דג

peix

צב

tortuga

סוס ים

morsa

שועל

guineu

איילה

gasela

ספורט
esports

פוטבול אמריקאי
futbol americà
רכיבת אופניים
ciclisme
טניס
tenis
כדורסל
bàsquet
שחיה
natació
הוקי
hoquei sobre gel
אגרוף
boxa

כדורגל
futbol americà

בדמינטון
bàdminton

אתלטיקה
atletisme

כדור-יד
handbol

עשה סקי
esquí

פולו
polo

פעילויות
activitats

צחק
riure
קפץ
saltar
חיבק
abraçar
הלך
anar
שר
cantar
חלם
somiar
התפלל
pregar
נשק
fer un petó

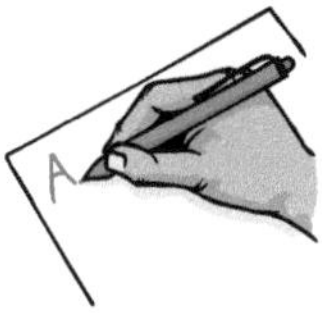

כתב
escriure

צייר
dibuixar

הראה
mostrar

דחף
pitjar

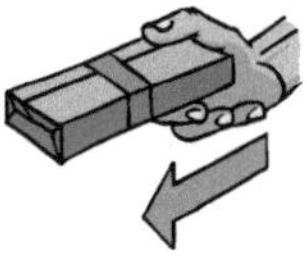

נתן
donar

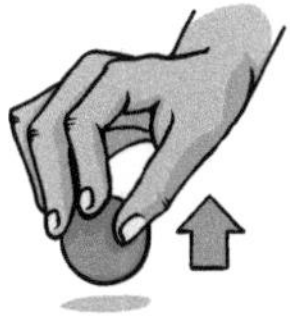

לקח
prendre

יש / להיות הבעלים

tenir

עשה

fer

היה

ésser

עמד

estar dret

רץ

córrer

משך

estirar

זרק

llançar

נפל

caure

שכב

jeure

חיכה

esperar

סחב

portar

ישב

asseure's

התלבש

vestir-se

ישן

dormir

התעורר

despertar-se

הסתכל ב-

mirar

בכה

plorar

ליטף

amoixar

סירק

pentinar

דיבר

parlar

הבין

comprendre

שאל

demanar

שמע

escoltar

שתה

beure

אכל

menjar

סידר

endreçar

אהב

estimar

בישל

cuinar

נהג

conduir

עף

volar

שט

....

navegar

חישב

....

calcular

קרא

....

llegir

למד

....

aprendre

עבד

....

treballar

התחתן

....

casar-se

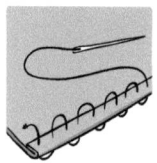

תפר

....

cosir

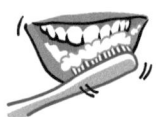

ציחצח שיניים

....

raspallar-se les dents

הרג

....

matar

עישן

....

fumar

שלח

....

enviar

משפחה
família

סבתא
àvia
סבא
avi
אבא
pare
אימא
mare
תינוק
nadó
בת
filla
בן
fill

אורח
....
convidat

דודה
....
tia

דוד
....
oncle

אח
....
germà

אחות
....
germana

גוף

cos

מצח
front
עין
ull
כתף
espatlla
אצבע
dit
פנים
cara
סנטר
barbeta
כף יד
mà
חזה
pit
רגל
cama
זרוע
braç

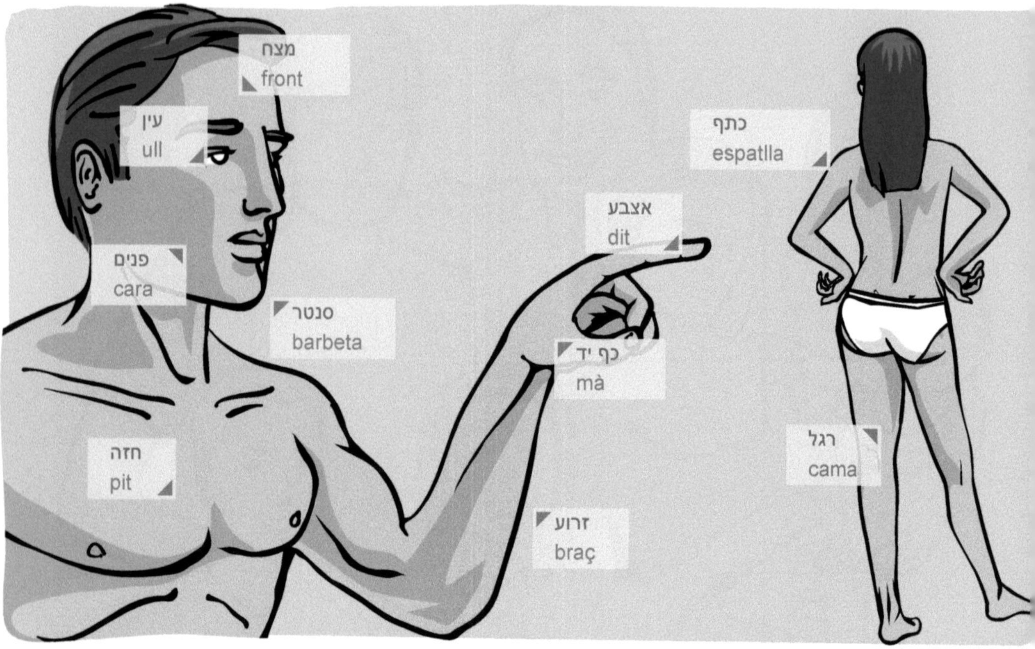

תינוק

nadó

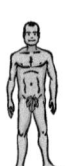

איש

home

אישה

dona

ילדה

noia

ילד

noi

ראש

cap

גב

esquena

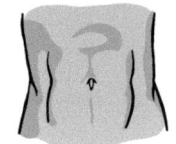

בטן

panxa

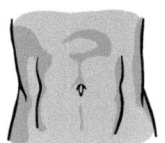

טבור

melic

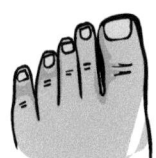

אצבע

dit gros del peu

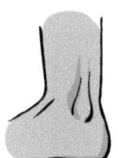

עקב

taló

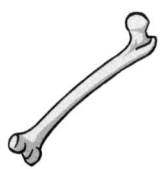

עצם

os

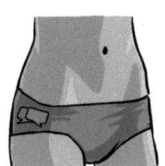

ירך

maluc

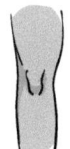

ברך

genoll

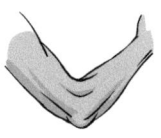

מרפק

colze

אף

nas

עכוז

cul

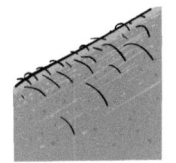

עור

pell

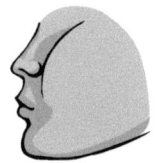

לחי

galta

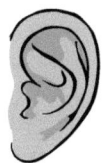

אוזן

orella

שפתיים

llavi

פה

boca

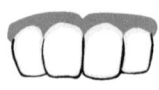

שן

dent

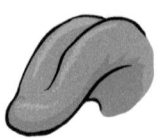

לשון

llengua

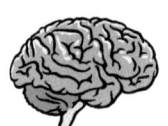

מוח

cervell

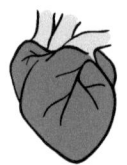

לב

cor

שריר

múscul

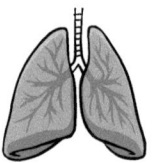

ריאה

pulmó

כבד

fetge

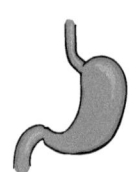

קיבה

estómac

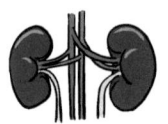

כליות

ronyó

מין

relació sexual

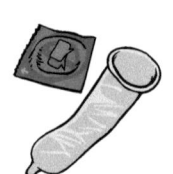

קונדום

preservatiu

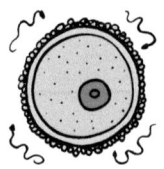

ביצית

ovari

זרע

semen

הריון

prenyat

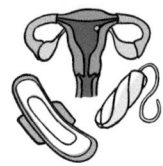

וסת

menstruació

נרתיק

vagina

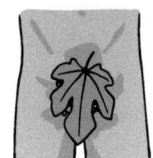

פין

penis

גבה

cella

שיער

cabells

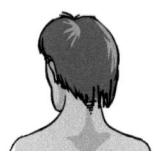

צוואר

coll

בית חולים
hospital

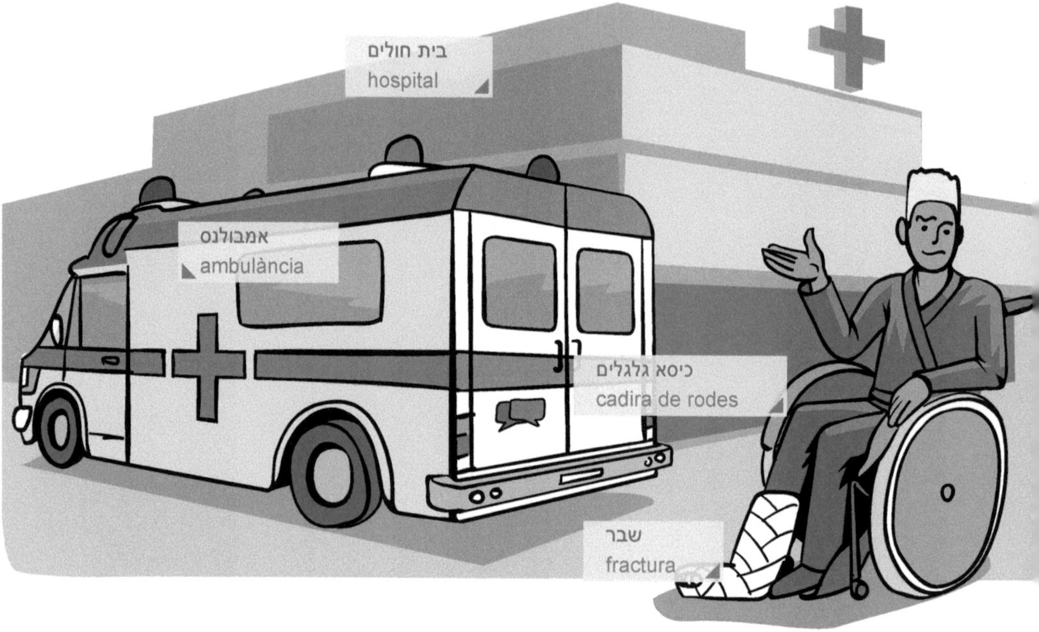

בית חולים
hospital
אמבולנס
ambulància
כיסא גלגלים
cadira de rodes
שבר
fractura

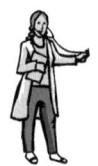

רופא

doctora

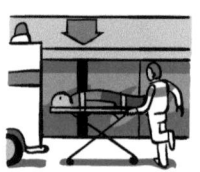

חדר מיון

sala d'urgències

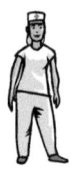

אחות

infermera

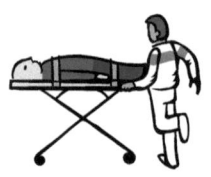

חירום

urgència

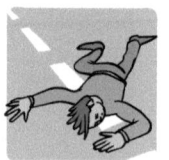

חסר הכרה

inconscient

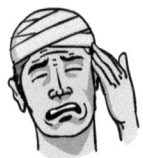

כאב

dolor

פציעה
ferida

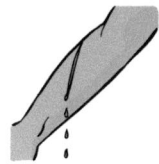

דימום
sagnament

התקף לב
atac de cor

שבץ
apoplexia

אלרגיה
al·lèrgia

שיעול
tos

חום
febre

שפעת
gripa

שלשול
diarrea

כאב ראש
mal de cap

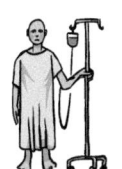

סרטן
càncer

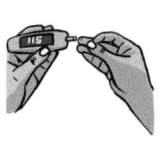

סוכרת
diabetis

מנתח
cirurgià

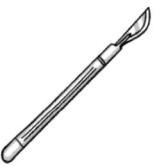

אזמל
escalpel

ניתוח
operació

סי-טי

tomografia computada (TC), TAC

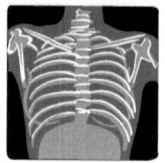

רנטגן

raigs x

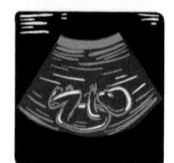

אולטרסאונד

ultrasò

מסיכת פנים

mascareta

מחלה

malaltia

חדר המתנה

sala d'espera

קבה

crossa

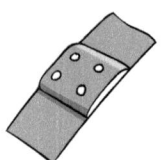

פלסטר

tireta

תחבושת

embenat

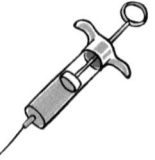

זריקה

injecció

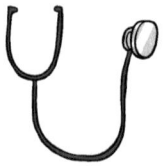

סטטוסקופ

estetoscopi

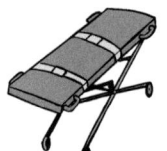

אלונקה

llitera

מד חום

termòmetre clínic

לידה

pariment

עודף משקל

sobrepès

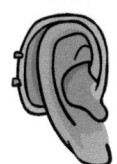

מכשיר שמיעה

aparell auditiu

מחטא

desinfectant

זיהום

infecció

נגיף

virus

איידס

VIH / SIDA

תרופה

medicina

חיסון

vaccí

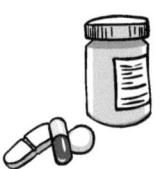

טבליות

comprimits

גלולה

píl·lola

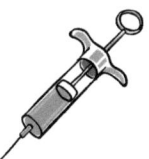

קריאת חירום

trucada d'urgència

מד לחץ דם

tensiòmetre

חולה / בריא

malalt / sà

חירום
urgència

!הצילו

Socors!

אזעקה

alarma

פשיטה

assalt

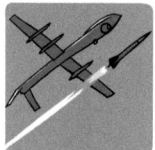

תקיפה

atac

סכנה

perill

יציאת חירום

sortida-eixida d'urgència

!אש

Foc!

מטף כיבוי

extintor

תאונה

accident

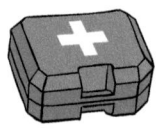

ערכת עזרה ראשונה

farmaciola de primers auxilis

!הצילו

SOS

משטרה

policia

אירופה

Europa

צפון אמריקה

Amèrica del Nord

דרום אמריקה

Amèrica del Sud

אפריקה

Àfrica

אסיה

Àsia

אוסטרליה

Austràlia

האוקיינוס האטלנטי

Atlàntic

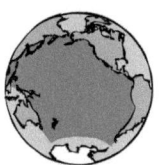

האוקיינוס השקט

Pacífic

האוקיינוס ההודי

Oceà Índic

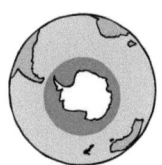

האוקיינוס האנטרקטי

Oceà Antàrtic

האוקיינוס הארקטי

Oceà Àrtic

הקוטב הצפוני

pol nord

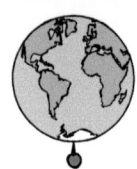

הקוטב הדרומי

pol sud

אנטארקטיקה

Antàrtida

כדור הארץ

terra

אדמה

país

ים

mar

אי

illa

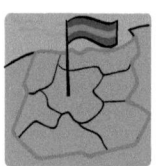

לאום

nació

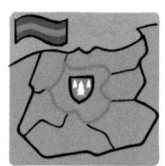

מדינה

estat

שעון
rellotge

פני השעון

quadrant

מחוג השעות

agulla de les hores

מחוג הדקות

agulla dels minuts

מחוג השניות

agulla dels segons

מה השעה?

Quina hora és?

יום

dia

זמן

temps

עכשיו

ara

שעון דיגיטלי

rellotge digital

דקה

minut

שעה

hora

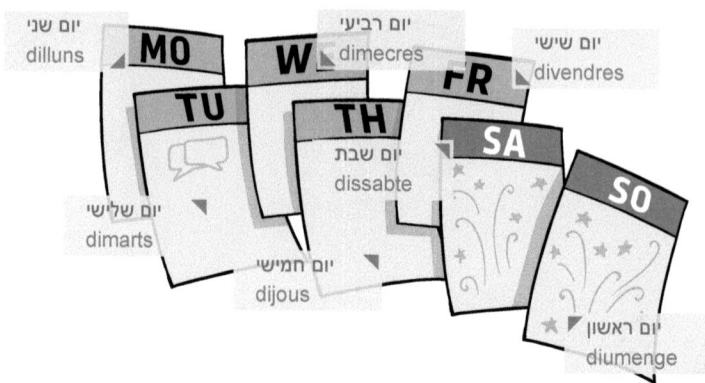

שבוע

setmana

יום שני
dilluns
יום שלישי
dimarts
יום רביעי
dimecres
יום חמישי
dijous
יום שישי
divendres
יום שבת
dissabte
יום ראשון
diumenge

אתמול

ahir

היום

avui

מחר

demà

בוקר

matí

צהריים

migdia

ערב

tarda

ימי עבודה

dia feiner

סוף שבוע

cap de setmana

שנה

any

גשם
pluja
קשת בענן
arc de Sant Martí
שלג
neu
רוח
vent
אביב
primavera
סתיו
tardor
קיץ
estiu
חורף
hivern

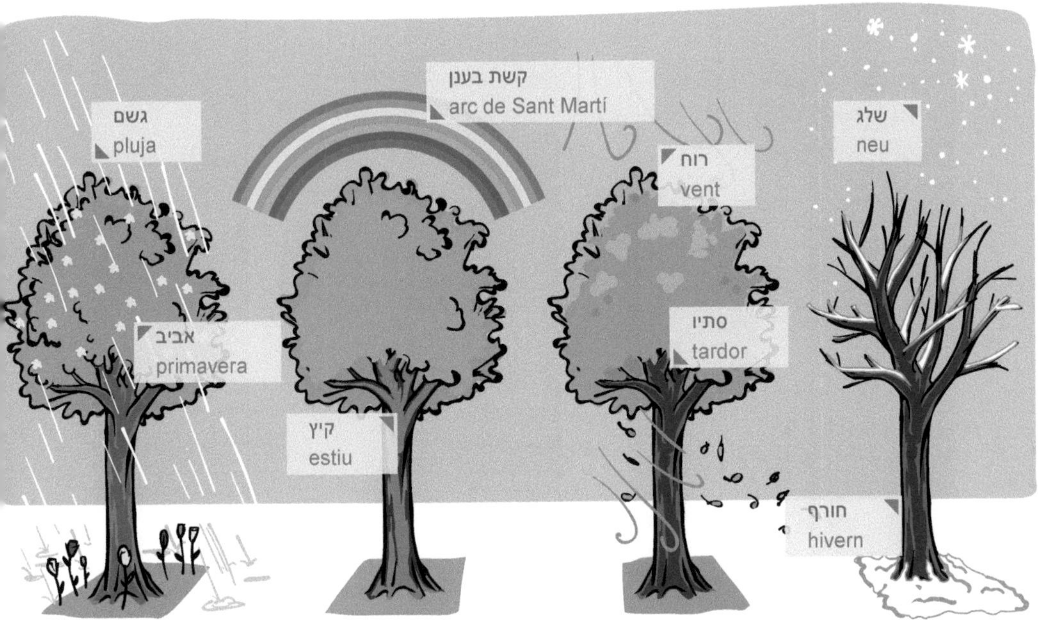

תחזית מזג האוויר

pronòstic del temps

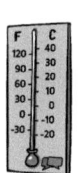

מד חום

termòmetre

אור שמש

llum del sol

ענן

núvol

ערפל

boira

לחות

humiditat de l'aire

ברק

llamp

רעם

tro

סערה

tempesta

ברד

calamarsa

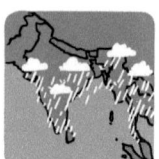

רוח עונתי

monsó

שיטפון

inundació

קרח

gel

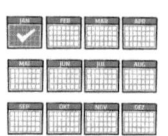

ינואר

gener

פברואר

febrer

מרץ

març

אפריל

abril

מאי

maig

יוני

juny

יולי

juliol

אוגוסט

agost

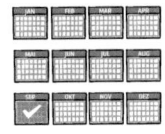

ספטמבר

setembre

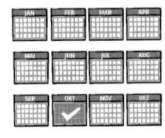

אוקטובר

octubre

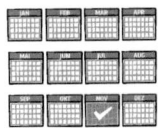

נובמבר

novembre

דצמבר

desembre

צורות

formes

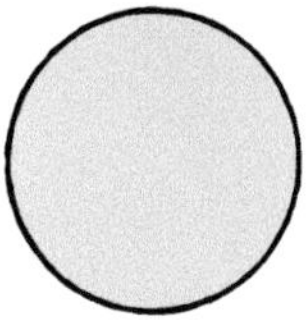

עיגול

cercle

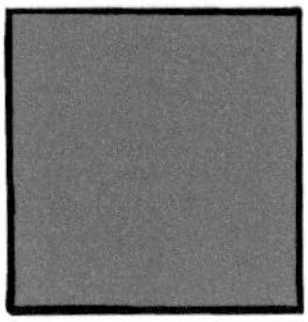

מרובע

quadrat

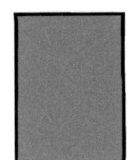

מלבן

rectangle

משולש

triangle

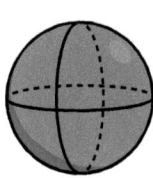

כדור

esfera

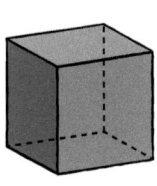

קובייה

cub

צבעים

colors

לבן

blanc

צהוב

groc

כתום

taronja

ורוד

rosa

אדום

vermell

סגול

lila

כחול

blau

ירוק

verd

חום

marró

אפור

gris

שחור

negre

oposats

יפה / מכוער

bonic / lleig

כועס / רגוע

emprenyat / tranquil

הרבה / מעט

molt / poc

בהיר / כהה

clar / fosc

גדול / קטן

gran / petit

התחלה / סוף

començament / fi

שלם / חלקי

complet / incomplet

נקי / מלוכלך

net / brut

אח / אחות

germà / germana

רחב / צר

ample / estret

מת / חי

mort / viu

יום /לילה

dia / nit

אכיל / לא אכיל

comestible / immenjable

רשע / טוב לב

dolent / amable

מתרגש / משועמם

entusiasmat / entediat

שמן / רזה

gros / prim

ראשון / אחרון

primer / darrer

חבר / אויב

amic / enemic

מלא / ריק

ple / buit

קשה / רך

dur / tou

כבד / קל

pesant / lleuger

רעב / צמא

gana / set

חולה / בריא

malalt / sà

בלתי-חוקי / חוקי

il·legal / legal

נבון / טיפש

intel·ligent / ximple

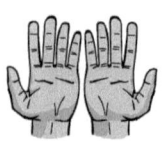

שמאל / ימין

esquerra / dreta

קרוב / רחוק

prop / llunyà

חדש / משומש

nou / usat

כלום / משהו

res / quelcom

זקן / צעיר

vell / jove

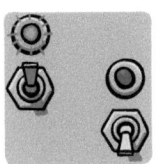

פעיל / כבוי

encès / apagat

פתוח / סגור

obert / tancat

שקט / רועש

silenciós / sorollós

עשיר / עני

ric / pobre

נכון / שגוי

correcte / incorrecte

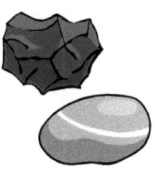

מחוספס / חלק

aspre / suau

עצוב / שמח

trist / content

קצר / ארוך

curt / llarg

איטי / מהיר

lent / ràpid

רטוב / יבש

humit / sec - eixut

חם / קר

calent / fred

מלחמה / שלום

guerra / pau

מספרים
nombres

0
אפס
zero

1
אחת
u

2
שתיים
dos

3
שלוש
tres

4
ארבע
quatre

5
חמש
cinc

6
שש
sis

7
שבע
set

8
שמונה
vuit

9
תשע
nou

10
עשר
deu

11
אחת-עשרה
onze

12

שתים-עשרה

dotze

13

שלוש-עשרה

tretze

14

ארבע-עשרה

catorze

15

חמש-עשרה

quinze

16

שש-עשרה

setze

17

שבע-עשרה

disset

18

שמונה-עשרה

divuit

19

תשע-עשרה

dinou

20

עשרים

vint

100

מאה

cent

1.000

אלף

mil

1.000.000

מיליון

milió

שפות
llengües

אנגלית

anglès

אנגלית אמריקאית

anglès americà

סינית מנדרינית

xinès mandarí

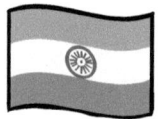

הודית

hindi

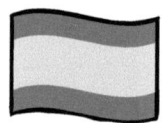

ספרדית

espanyol

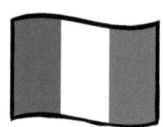

צרפתית

francès

ערבית

àrab

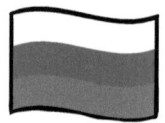

רוסית

rus

פורטוגזית

portuguès

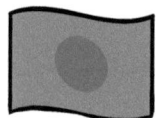

בנגלית

bengalí

גרמנית

alemany

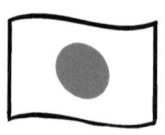

יפנית

japonès

מי / מה / איך
qui / què / com

אני

jo

אתה / את

tu

הוא / היא / זה

ell / ella / allò

אנחנו

nosaltres

אתם

vosaltres

הם

ells

מי?

qui?

מה?

què?

איך?

com?

איפה?

on?

מתי?

quan?

שם

nom

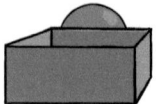

איפה
on

מאחור

darrere

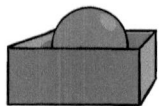

בתוך

en

לפני

davant de

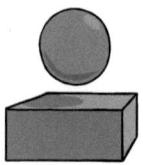

מעל

damunt

על

sobre

מתחת

sota

ליד

al costat

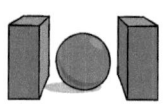

בין

entre

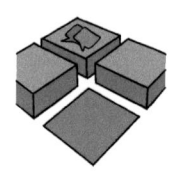

מקום

lloc